LIMERICKS & ANDERE TRIXX

- ein gar seltsam Wörtermix

fallengelassen von

Klaus Müller

1. Vorwort

The world is Yours. Gelegentlich glaubt man das sogar. Und man tut so einiges dafür. Und wenn man mal wieder zu viel dafür getan hat, bemerkt man, dass es eben doch nicht so ist. In der Phase der Erschöpfung taucht man dann, halb wachend, halb schlafend, in eine Art Zwischenwelt ein. Man widmet sich anderen Dingen, auch gedanklich. Okay, die Welt ist nicht meine, aber ich denke sie mir so, wie ich will. Und die Gedanken sind frei, und damit sind sie zugleich meine. Meine Freiheit. Ist doch auch schon mal was.

2. Vermischtes zum Warmwerden

Das Bild im Flur hängt lang schon schief,
man sieht es kaum bei diesem Mief.
Doch dabei hilft die klare Luft,
die langsam in die Halle pufft.
Seit auch das Fenster hängt noch schief.

„Das hab' ich aber genossen",
sagte der Mann zu der kleinen Auster desselben
– und leckte sich den Schleim von der Lippe.

Roh war einst ein Diamant,
den man in 'ner Mine fand.
Und als man ihn genau besah,
nach über 'ner Millionen Jahr'
war er allen gänzlich unbekannt.

Jesus Christ, was ist mit dir?
Hängst hier rum, kriegst nicht maln Bier.
Trink doch mit und steig hernieder
Ich mach dich gleich auch feste wieder.

Das Schönste für den Islamist
Das Leben nach dem Tode ist.
So kommt es auch,
dass er zur Zeit
ohne Sorgen Scheiße frisst.

Die Spatzen pfeifens von den Dächern,
komm nicht herauf nach zu viel bechern.
Ein Ritter tats
und fiel prompt runter,
das klang dann leider etwas blechern.

Iss dett nich scheen,
wenn ick so jeehn,
dann kannste meene
Zeehne sehn!

AM MORGEN

Am Morgen fällt mir's gehen schwer,
auch mit dem sehen ist's nicht weit her.
Der Rücken schmerzt, die Knie sind steif,
die Füße auch, was ich nicht begreif.
Schließlich hab ich lang gelegen,
zum Dank kann ich mich nicht bewegen.
Die Welt rett ich wohl heut nicht mehr,
das fällt mir alles viel zu schwer.
Am Morgen bin ich wie ,n sinkendes Schiff,
das krieg ich erst viel später in'n Griff.
Drum steh ich erst am Mittag auf,
da bin ich einfach besser drauf!

Schon früh am Morgen,
stell ich fest mit Sorgen,
wie viel Zeit ich muß borgen,
will ich alles besorgen,
was im Dunkel verborgen,
zwischen heute und morgen.

Ich tu hier was,
was Du nicht willst,
für das Du mich
‚nen Spinner schilltst.
Doch tu ich's gern,
das ist's, was zählt,
auch wenn es Dir
so ganz missfällt.

3. Schlauberger und Glückskinder

So wie es einst geschrieben stand,
der Moses zehn Gebote fand.
So schön wie diese anfangs klangen,
tut einer jemals sie verlangen,
versickern sie ganz sacht im Sand.

Da war ein junger Tannenbaum
Statt Nadeln hatte der noch Flaum.
Der wollt so bleiben alle Zeit,
denn erst mit Nadeln ists soweit,
dass er dann steht als Schmuck im Raum.

Würd'st du auf ,nem Scheiterhaufen
Einfach mal so weitersaufen?
Dann würd' dir die Brüh'
am Bein entlang
schließlich auf den Holzstoß laufen.
Hätt'st du's gewusst
Hätt'ste nicht gemusst
,rumstehen hier,
total verrußt.

Zum Mörder sagt der Henkersmann,
das mach' ich hier so dann und wann.

Mein Hobby macht' ich zum Beruf,
nur Schwarzarbeit steht im Verruf,
bei dem, was ich hier legal kann.

Rosen, nahm der Zweig sich vor,
brächt' er niemals mehr hervor.
Die andren hätten Äpfel, Birn,
entsprungen frisch dem Gärtnerhirn,
nur er hätt Dornen, dieser Tor.

Der Schuh eines Mannes aus Saale,
bekam Löcher bei einer Randale.
Und wie er's besah,
von Ferne und nah,
da trug er ihn halt als Sandale.

Vor Hunger wälzt er sich im Bett,
weil er so gern ne Bratwurst hätt.
Und wie er da so liegt und liegt,
ganz plötzlich die Erkenntnis siegt,
zwei davon wär'n auch ganz nett.

Sentimen, so heißt das Tal
tief unten voller Höllenqual.
Drum geh' nicht runter,
bleib oben und munter,
ist sicherlich die beste Wahl.

Gehopst wie gesprungen,
getanzt wie gesungen,
beim Star egal.
Wenn er's nur macht
dann gilt's als gelungen.

Agentenkrimi, Arztroman
fang ich mit meiner Freizeit an.
Les' Stories vieler Heldenleute,
von denen keiner je bereute,
doch wann fängt meine Story an?

GLÜCKSGEFÜHLE

So wenig, wie der Tropfen im Wasser,
so wenig, wie das Sandkorn in der Wüste,
so wenig fällt das Glück im Glücke auf.

Und weil man's nicht sieht,
noch schmeckt, noch fühlt,
gibt man es leichten Herzens auf.

So viel, wie ein Sandkorn im Wasser,
so viel, wie ein Wassertropfen in der Wüste,
so viel fällt das Glück im Peche auf.

Und wenn man's erst sieht,
auch schmeckt und fühlt,
so hält man es von Herzen auf!

Am Abend kam ein feiner Stutzer,
verlangte nach ‚nem Rachenputzer.
Kaum hatte er in sich gekehrt,
da saß er schon in sich gekehrt,
Man sah, die Sache war's ihm wert.

4. Dummköpfe und Pechvögel

Ich möchte das Gefühl nicht missen,
manchmal etwas mehr zu wissen,
und ausgerechnet wenn man's brauch',
steht man dann leider auf dem Schlauch.
Und wenn es einem eingefallen,
dann sitzt man auch schon in den Fallen,
zu spät fällt einem Weisheit ein,
statt großer Held fühlt man sich klein.

Einst ward es in dem Land Neufund,
dem Steuerzahler viel zu bunt.
Doch wohin er auch wandert,
die Steuer mäandert,
jetzt zahlt er sie in Swakopmund.

Selten hab' ich so herzhaft gelacht,
als wenn an andrer Leut's Unglück gedacht.
Und wie ich so chauffiere
und mich amüsiere,
hab' ich selbst noch schnell 'nen Unfall gemacht.

Ade, du schöne Welt, ich geh',
sprach Klaus und sprang dann in den See.

Dumm nur, dass die Schnur gerissen
des Steins, den er zuvor geschmissen,
jetzt treibt die Wasserleich' im Klee.

Einst fiel mal ein Kasache
Beim Decken von dem Dache.
Er fand es aber gar nicht gut
Wenn ich aus lauter Übermut
dann auch noch aus ihn lache.

Der Sprecher hat vorhergesacht,
dass heut' die Sonn' vom Himmel lacht.
Doch wie er watet durch die Pfützen,
vom Himmel scheint die Sonn' zu spritzen,
da hat er wohl was falsch gemacht.

Am Baum, da hängt 'ne Kokosnuss,
fällt plötzlich auf 'nen Linienbus.
So heftig knallt sie auf das Dach,
dass nicht mal ich darüber lach',
bin schließlich selber drin im Bus.

Und auch dem Kanzler wurd's zu bunt,
vom Hinternkriechen den Po ganz wund,
mit Ohrenmuscheln, angelegten,
von Radfahrern ins Kreuz getreten.
Ihr seid ja wohl nicht ganz gesund.

Der Hubert, der springt wild umher
und schreit gar laut: Es schmerzt mich sehr!
Zu dumm, wenn man mit Dingen spielt,
die man zuvor für harmlos hielt.
Das Bein er traf mit dem Gewehr.

Ein Schwarzer wollt die Arktis sehn
Und über kaltes Eis dann gehen.
Und kaum war er dort
Wollt er wieder fort
Nicht ohne Heißes zu erflehn.

Der Paul nahm von dem Hasch 'ne Dosis,
begann dann die Metamorphosis.
Mal fühlt er sich als Huhn - oh mei,
und manchmal auch als Hühnerei
und fragte sich, was da wohl los is'.

Die Barschranktür hing am Scharnier,
s' war nur noch eins und vorher vier.
Und wie daran der Hans so rüttelt,
wider bess'res Wissen schüttelt,
fiel alles 'runter, auch das Bier.

Die Halunken sich nicht trau'n,
weil um das Haus ein großer Zaun.
Doch wer sich trotzdem drüberwagt,
der wird erwischt und nicht gefragt
und dann im Haus auch noch verhauen.

Den Hasen geb ich mein Panier
als aus dem Staub macht ich mich hier.
Nicht länger kann ich hier verweilen,
wo Glück und Freude mir enteilen,
wo ich mich auch noch selbst verlier'.

Ein paar Junkies fühlten sich betrogen
keine Macht dem Pech und Drogen.
Doch die zu übertragen
gelang ohne viel fragen
als sie zum ersten Mal daran zogen.

'Ne Frau aus Berchtesgaden
eröffnete 'nen Laden.
Da gab es nix
und das noch schlecht.
drum ging sie damit baden.

Die Rosalie aus Schifferstadt,
die hatte ihren Gatten satt.
Ohne sich zu scheuen
nahm sie sich 'nen Neuen
mit dem sie jetzt zu kämpfen hat.

Die Fee aus Niederzissen,
die musste dringend pissen.
Es gab kein Klo,

ganz egal wo,
das fand sie echt beschissen.

So krass hab' ich mich überschätzt
Und in der Prüfung Müll geschwätzt.
Die ham's gemerkt,
die Konsequenz,
sie haben mich halt nicht versetzt.
D'rum sitzen bin ich dann geblieben
Zum zweiten Mal durft' Däumchen schieben
Zum dritten Mal
Passiert's mir nicht
Dann hab' ich selbst mich abgetrieben.

Der Fridolin aus Gummersbach,
der trieb es gern den ganzen Tach.
Doch dann bei Sabin,
musste den kürzeren er zieh'n,
die Dame, die war halt vom Fach.

Und wenn das heut schon alles ist,
dann war der heutge Tag wohl Mist.
Was mir fehlt,
du weißt's genau
ist wieder mal ne neue List.

Aus Friesland kam ein Visionär,
der trug an einer Bürde schwer.
Kaum wurd' er zu schlapp,

da warf er sie ab,
das tat er besser schon vorher.

Weil frische Luft ihm so gefällt,
der Peter schliefe gern' im Zelt.
Doch Hering, Hammer, Nagelzange,
wie geht das bloß mit dieser Stange?
Kriegt's leider niemals aufgestellt.

Ein feiger Mann, der wär so gern
Viel mutiger statt subaltern.
Doch immer, wenn's wichtig
Er fühlt sich so nichtig
Wie schaff ich's bloß, dass ich das lern?

PRIVATSPHÄRE

Ach, ich bin so gern privat,
ich kann mich richtig darin sonnen.
Am besten, da gelingt mir das,
wenn mir das Glück zerronnen.
Je schlechter das, was ich gebar,
je lieber bin ich stumm.
Am allerliebsten will ich das,
fühl ich mich richtig dumm.

Ach, ich bin nicht gern privat,
hab das ganze Spiel gewonnen.
Am meisten, ja da schätz ich das,
bin ich im Glück versponnen.
Ja sieht denn keiner, was ich kann,
will mich denn keiner loben?
Schaut endlich auf mein Lebenswerk,
vor Spaß, da könnt ich toben!

Ach, wär ich doch nur dann privat,
wenn ich ins Klo gegriffen,
ach, wenn sich's nur vermeiden ließ,
hätt' mich nicht selbst verpfiffen.
Doch meistens kommt es anders dann,
der Mist bleibt nicht privat.
Doch alles, was ich Gutes tat
versteckt sich leider- schad'!

5. Zur Lage der Nation

Spaßgesellschaft, Freizeitlook,
Recreation, nur kein Druck!
Wir gehen schon unter,
wenn nicht bald
durch die Gesellschaft geht ein Ruck.

Immobilien, Bankenpool,
alle finden sich noch cool.
Schon ist vorbei
die Zauberei
und dann beginnt die harte Schul.

Wir zahlen heute bargeldlos
das echte sind wir längst schon los.
Und auch der Dispo-Bankkredit
der macht es nicht mehr lange mit.
Der Schock wird beim Erwachen groß.

Ob Kanzler, Einsicht und Gebet,
sogar Reformen sind zu spät.
Wird Rau der Wind,
der uns erweckt
und dann um unsre Nasen weht.

Im Grunde ist der Mensch doch faul
hält sich für`n Job 'nen Ackergaul.
Und erst im Kerker

schafft er wie'n Berserker,
sonst gibt ihm der Wächter eins auf's Maul.

GLOBALISIERUNG

Du weißt, dass in der Dritten Welt
es mir am besten stets gefällt.
Von jeher hat die Upper Class
mit Entwicklungshilf' den meisten Spaß,
weil sie bekommt das meiste Geld.

Und dann lieb' ich auch noch den Krieg,
verdien' an Niederlag' und Sieg.
Bau hier mal auf, bau da mal auf,
an beide Seiten ich verkauf'
kommt alles auf das Konto drauf.

Ich hätt so gern ne Mark-Million
In Euro reicht' die Hälfte schon.
Das geht zwar kaum mit viel Geschick
Im Business doch und Politik
bekäm ich das als Judas-Lohn.

Sprachgewalt ist angesagt,
falls man politisch angefragt.
Vergesslichkeit und Mauschelei,
Damenbart, Haarspalterei
Ist das, was schließlich nachgesagt.

Zu gern wäre ich in ner AG
Porsche, Audi und VW
Ein furchtbar wichtiger Berater
Verrate Mutter und auch Vater
Und das tut mir nicht mal mehr weh.

Wie ein Surfer ich die Welle reite
Arbeitgeber- oder -nehmerseite
Ganz egal, über was ich richte,
Hauptsache ist, dass ich vernichte
Kohle, Aktie, Arbeitsplatz,
alle kriegen vor dem Latz.

So etablieren sich Zug um Zug
Meucheleien, Lug und Trug,
Geldgeschäft und Bankbetrug,
Asi-Glotze, Kumpelei,
Gewerkschaftsbonzen, Sozi-Brei,
Geldtransfer und Gütertausch,
alle spinnen, wie im Rausch.
Längst etabliert sind Wucherzinsen, Mietbetrug
schon bald vorbei ist's mit dem Spuk.
Pisa-Studien, Mummenschanz,
wer hat denn wohl den längsten Schw...
kleine Nasen, großer Busen,
Wer will denn noch natürlich schmusen?
Vaterschaft verkommt zum Test
und das Ergebnis gibt den Rest.
Gefärbte Haare, Kassenleere,
alles wird zur Staatsaffäre.
Spendenwahn und Firmentod
das ist unser täglich Brot

Fehlt's dir am Hirne
hinter der Stirne,
mach' doch Karriere,
vielleicht als Birne.
Bist du noch blöder,
mach's wie Schröder.
Nur leider wird's
Dann noch viel öder.

NON CREDO

Heute noch, vielleicht auch morgen
Will Bernie los, sich was besorgen.
Doch das fällt ihm schwer,
denn die Börse ist leer,
kannst du mir bitte etwas borgen?
Natürlich kann ich, sprach ich drauf
Da schlag ich aber Zinsen auf.
Tu, was du willst,
sprach er zu mir
und ließ dem Schicksal seinen Lauf.
Es kam dann, wie es kommen musste.
Es verließ ihn finanziell die Puste.
Und so von Bernd
Hab ich gelernt,
Verluste stützen bringt Verluste.

GOTT LOS

Lieber Gott, ich glaub, jetzt spinnt er,
Frühling, Sommer, Herbst und Winter.
Zu warm, zu kalt,
zu jung, zu alt,
des Lebens Traum, so schnell zerrinnt er.

Was ist jetzt mit der Schaffenskraft,
sag bloß, sie ist Dir schon erschlafft?
Jahre und Zeit

vergehn zu schnell,
ich wünsch mir, dass er mehr erschafft.

Doch wie so oft erhört er nicht,
wenn unten fleht ein kleiner Wicht.
Die Schaffenszeit,
sie ist verbraucht,
und mit ihr auch die Gottes-Schicht.

Oh lieber Gott, du ständst doch auch
ohne Gott-Gewerkschaft auf dem Schlauch.
Ohne deine sieben Tage Arbeitszeit
ständen hier unten mehr Jahre bereit.
Und länger, besser gings uns auch.

DAUSUMM

Als Schauermann mit Scheuermann
im Hafen Jan nur wenig kann.
Doch weil nur krumm
und gar nicht dumm,
‚ne and're Arbeit er ersann.

So hat er jetzt als Steuermann
ne blaue Jack mit Litzen an.
Er ist jetzt schick,
folgt seinem Tick
und macht sich an die Bräute ran.

Und weil das ganz schön dauern kann,
der Chef sich ärgert, dann und wann.
Weil immer weg
und selten da,
auf Dauer kommt das nicht gut an.

Auch weil das ganz schön teuer, Mann,
der Chef ist angesäuert dann.
Macht kurzen Prozess
und schmeißt ihn raus,
demnächst, da fängt er's schlauer an.

Auch die Hallenser Ei-Attacke
War aus Sicht des Kanzlers Kacke.
Innen waid
Und außen wund
Weil gekratzt man ihm am Lacke.

Im Deppenland, im Deppenland,
da gehen die Deppen Hand in Hand.
Und gehen sie nicht,
dann fahren sie
noch jeden Karren an die Wand.

Der Deutsche stützt die ganze Welt
weil er als Spender sich gefällt.
Und weil er's übertreibt,
es natürlich vergeigt,
er am Ende selbst auf die Nase fällt.

Im Parlament, im Parlament,
da wird mir allzu viel gepennt.
Wen wundert's da,
daß keiner merkt,
das es an allen Ecken brennt.

Für's Menschenrecht die Fahn' gehisst,
für Schwule, Frauen stets Aktivist.
Für Kranke, Alte und Gebrechen,
für Arme auch ‚ne Lanze brechen,
doch wenn's nix bringt ist alles Mist.

BEAMTENBEKENNTNIS

Verwalten tu am besten ich,
was ich am besten kann.
Am besten kann, so trifft es sich,
was ich am besten kenn.
Rein zufällig, so trifft es sich,
bin ich das als Person.
Rein zufällig, so trifft es sich,
verwalte ich mich schon.
Rein zufällig, so trifft es sich,
profitier ich als Person,
und ebenso, rein zufällig,
hab ich das Deine schon.

Beamte verwalten sich selbst
und bemühen sich im Zweitjob darum,
den anderen alles abzuerkennen,
was sie sich selbst längst zugestanden haben.

STAATSDIENER

Lebenslang beim Schrebergarten,
auf die Baugenehmigung warten,
das gilt nur für Normalverbraucher,
nur nicht für den Aktentaucher.
Kauft der das Grundstück billig ein,
dann soll's schon mit Erlaubnis sein.
Der baut dann einfach, was er will,
bei ihm hält die Behörde still.
Ein jeder weiß, das er das kann,
beim nächsten Mal ist der andere dran.
Weil eine Hand die andere wäscht
und jeder beim Verbraucher casht.
So bildet sich ein geschlossener Kreis,
weil jeder von dem anderen weiß.
Und ist man drin, dann geht's einem gut,
und ist man nicht, bleibt kalte Wut.
„Du kriegst nicht die Genehmigung,
ich heb sie für mich auf.
Denn Du kriegst nur das Minimum,
und ich eins oben drauf."

DEPPENLAND

Oh Du schönes deutsches Land,
das ich so schön wohl niemals fand.
Es war die Feder in der Hand,
die, statt Erleben, das erfand.

Sie war's, die für mich das erfand,
die statt meiner Wohl empfand,

was ich wohl besser selbst gemacht,
anstatt, daß ich Dich ausgedacht.

Gestern noch das eig'ne Land,
heute ist's schon Feindesland,
durch Lobbyhilfe, unerkannt,
längst Spielball in des Gegners Hand,

von Pack regiert mit Unverstand,
den Grips längst ins Exil verbannt,
in der Birne nix, als weichen Schmand,
den Bogen längst schon überspannt.

Steh' rücklings an der Mauerwand,
schau auf die Scheiße wie gebannt,
und den Mist, den man vorfand,
von Typen, die sich längst entmannt.

Längst weggefegt der Mittelstand,
der einst erkämpft das blaue Band,
als wär' es auf uns zugerannt,
und einzig uns nur zuerkannt.

Politik erschöpft im Dosenpfand,
weil man als Flaschen sich erkannt,
Erfolgsgeschichten unbekannt,
die Chance dahin, wie Wüstensand.

Wie im Porzellan der Elefant,
des Lädchens Zukunft flugs verbannt.
Was war doch gleich das Unterpfand,
des Glückes, das man nicht empfand?

Das Parlament nur Unterstand,
für Deppen, Herkunft unbekannt.
Und schon ist unser Vaterland,
längst umbenannt in Deppenland.

NEUE DEUTSCHE WELLE

Scheidungskrieg und Mauertote,
den gelben Brief schenkt der Postbote,
Autowahn und Wohlstandsmüll,
den Blick verhüllt, fast wie durch Tüll.

Insolvenz und Bruchpiloten,
Politik erschöpft in Zoten,
Pisakrampf und Dosenpfand,
Dümmlichkeit, Du bist erkannt.

Vogelgrippe, Schweinepest,
die Krise feiert heut ein Fest.
Das ganze wär´ ja wohl gelacht,
als ob man es nicht schlechter macht.

Fehlgeburt und Vatertest,
fürs Kind im Kühlschrank noch ein Nest,
noch ganz schnell Etwas unterschlagen,
ohne nach dem Sinn zu fragen.

Und die Moral von der Geschicht´,
ich bin ganz ehrlich, ich kenn sie nicht.
Und weil ein jeder dumm und quält,
wär´ die hier wohl auch ganz verfehlt.

6. Neufünfland (von der Halse bis zur Wende)

PIG BUSINESS

So kamen dann fünf neue Länder,
erweiterten schnell Deutschlands Ränder.
Am Anfang war es Freude pur,
doch mittlerweile Trübsal nur,
jetzt geh'n sie allen auf den Sender.

1000 Milliarden in den Osten,
das kann das Mütchen schon mal frosten.
Wir kriegen auf die Mütze
nur wegen der Stütze
Wie viel darf uns das Hobby kosten?

Ja, jetzt ham wir die Bescherung
Es klappt nicht mit der Geldvermehrung.
Die Wende war nur auf Be-Währung
Und dient nur der Budget-Entleerung.
Bewährt hat sich die Währung nicht
Weil sie nicht hält, was sie verspricht.
Denn wirklich niemand ist erpicht
Auf längeren Konsumverzicht.

TREND WENDE

Der Trend zur Wende
Hat ein Ende
Wenn nicht mehr fließt
Die bare Spende.
Muss Arbeit her
Dann wird es schwer
Und niemand will
Die Wende mehr.
Und kommt es schließlich
Dann zu arg
Dann faseln alle nur noch Quark.
Keine Wende ohne Mark.

Kinder kamen ohne Ende
in Ost und West bis hin zur Wende.
Kaum hatten wir uns abgemauert,
fühlten wir uns ausgepowert.
Jetzt fehlt's an Kraft uns in der Lende.

7. Studentisches und Verschlafenes

Wenn nach der Nacht der Tag erwacht
mit Licht er mich erwecken macht.
Doch greller Schein
das muss nicht sein,
der Vorhang ist schnell zugemacht.

Am Morgen ist die Nacht vorbei,
der Tag holt sich sein Recht herbei.
Doch leider schon der erste Strahl
der Sonne schmeckt mir ziemlich schal
schon sehn' ich mir die Nacht herbei.

Vor Jahren gab es hier Studenten,
die stets bis in die Puppen pennten.
So fröhlich war's tagaus, tagein,
bis dass der Alltag holt sie ein.
Flashback in kurzen Traummomenten.

Ausländisch sprechen fällt mir schwer,
dröges Lernen noch viel mehr.
Doch das Talent,
wie man den Tag verpennt,
beherrsch ich wirklich sehr.

Von täglich Mühsal fast zerrissen
schlafen, stressen, schlafen, stressen.
Tag für Tag
die gleiche Qual
ein bisschen Glück, schon zu vermessen?

Simpli heißt der Zissimus,
den ich heut Nacht noch lesen muss.
Doch wird die Nacht toll,
ich vom Zechen zu voll,
dann les ich's morgen halt im Bus.

Super, spricht das Hirn zu mir.
Zusammen wissen alles wir.
Und doch ich erschrak,
keine Antwort pro Frag,
sonst immer, gerne – nur nicht jetzt und hier.

Oh Herr, du hast Talent gegeben,
nur das Genie, das ging daneben.
So tötet der Frust
die tägliche Lust
ich kann nicht über Dingen schweben.

Ich weiß genau, dass ich nichts weiß
und was ich weiß, das ist nur Scheiß.
Selbst dafür musst' ich noch studieren
und viel, viel Stolz dazu verlieren.
Was bleibt mir daher außer Fleiß?

Muster wollt' ein Schüler sein,
doch leider war sein Grips zu klein.
Nach Jahren der Qual
war's für ihn dann real,
es passte wirklich nichts mehr 'rein.

Ein Student fiel beim Examen
gedanklich oftmals aus dem Rahmen,
und wie er voll Schiss
die Prüfung dann schmiss,
die Eltern zuhaus' ihn nicht mehr nahmen.

Baby, ich bin so süchtig,
nach anderen, die tüchtig.
Ich könnt's zwar auch selber,
doch vor Arbeit, da flücht ich.

Ich bin zwar schlau,
doch leider nicht fleißig.
Seh' ich, es wird schwer,
dann nehm' schnell Reißaus ich.

DAYDREAMER

Am Morgen bin ich stets noch schwach,
bin schließlich gerade mal erst wach.

Und freu mich auf den neuen Tag,
Wie der wohl wird, ich mich oft frag.

Danach da stücke ich oft früh,
je mehr es ist, so mehr die Müh.
Der Kaffee schmeckt dann fast wie Brüh,
an der ich mit die Zung verbrüh.

Dann setz ich mich so ganz beschaulich,
und kack den Dung, der unverdaulich.
Dabei ist das nicht ganz erbaulich,
denn schließlich riecht es mehr als faulig.

Danach muß ich dann mit mir ringen,
des Tages Werk auch zu vollbringen.
Denn schließlich ist's nicht mein Gewinn,
den ich hier ganz allein ersinn.

Verdienen tun die anderen auch,
profitieren arg von meinem Schlauch.
Von allem, was ich heut ersinn,
sind 90 Prozent für andere drin!

Nicht selten ist es Unsinn auch,
was drinnen brütet, in meinem Bauch.
Da ist dann oftmals gar nichts drin,
ich glaub, ich leg mich wieder hin!

8. Killer, Mäuse und Moneten

Zum Suizid war Heinz gesonnen,
weil ihm das Glück war stets zerronnen.
Doch der Verzicht
Auf weitere Späße
Was wäre damit schon gewonnen?

Der Räuber fand es kolossal
Was er aus einem Bankhaus stahl.
Doch im Vergleich
Zu seiner Haft
War die Gegenleistung minimal.

Zu oft gibt's in des Gangsters Tücke
ne kleine und verborgene Lücke.
Und wie er dann zur Tat flugs schreitet,
die Lücke sich zur Gänze weitet
und haut die Strategie in Stücke.

Ein Revolverheld aus Norddakota
verändert sich nicht einen Jota.
War beim Duell nicht ausgewichen,
obwohl sich Zweifel eingeschlichen.
Hätt' er's gemacht doch, zapperlotta!

Im Visier den Hohepriester,
der Profikiller denkt, jetzt schießt er.
Doch weil die Nase ihn juckt,
er unmerklich zuckt,
und im Moment des Knalls, da niest er.

Ein Don, der kam aus Syrakus,
der lebte auf zu großem Fuß.
Der Spaß hat nen Preis,
er bekam, wie ich weiß,
vom Insolvenzverwalter einen Gruß.

Von Träumen träumt der Gartenfreund,
der pflanzte Mohn sich für 'nen Joint.
Doch als er mehr als das entsaftet,
hat man ihn schlicht und schnell verhaftet.
Drum er sich nun beim Hofgang bräunt.

Der Peter war nicht wohlgeraten
Die Nase lang ein Satansbraten.
Was die Häscher verbiegen
Wenn sie ihn kriegen
Das dürft ihr gerne dreimal raten.

Ein Bestatter hats erst dann geschafft,
verfügt er über Laufkundschaft.
Doch keiner hats
bisher geschnallt
wie man vom Toten im Leben rafft.

„Rosebud" hieß das Lösungswort;
nein, nicht hier, an nem andren Ort.
Und wers vergaß
hatte nicht viel Spaß,
war Opfer von dem nächsten Mord.

Sowohl die Süßen wie die Herben
müssen sterben, will ich erben.
Hab ich viel Glück
geht alles gut,
hab ich im Lauf bald neue Kerben.

Spielerisch am Spieletisch
siege ich mit einem Wisch.
Und alles nur,
weil keiner weiß,
dass ich falsch die Karten misch.

Der Samurei fühlt unbeschwert
sich leider nicht mehr unbeschwert.
Drum macht er,
als er das bemerkt,
auf halbem Wege wieder kehrt.

9. Seemannsgarn

Mit Glück der Käptn nicht gesegnet
Will er mal raus ist klar, es regnet.
Drum kommt er auch
Nur schwer an Land.
Vor lauter Dunst sieht er den Steg net.

Befahren ward ein Ozean
von Piraten mit nem Äppelkahn.
Doch dann im Sturm
ward Held zum Wurm,
zur Hölle sah man sie dann fahr'n.

Bei Nacht sticht der Pirat in See,
damit ihn nächtens niemand seh'.
Doch leider ging am spitzen Riff,
trotz Kaperbrief fast alles schief,
im Dunkeln half ihm auch kein Dreh.

Da gab's 'nen Freizeitkapitän,
der wollt' das Blau des Meeres seh'n.
So hat er sich ganz unverzagt
zu weit auf's off'ne Meer gewagt
und sah das Blau beim Untergehen.

Einst folgte ein Schiff
im Sturme einem Pfiff
- und lief auf ein Riff!
Der Pfiff, der kam von Strandpiraten,
die danach durch die Fluten waten
und an dem Wrack sich gütlich taten!

10. Vater sein dagegen sehr

Rinder hatte ein Baron,
seit vielen, vielen Jahren schon.
Geplagt ward er von Nachwuchssorgen,
denn der kam weder heut' noch morgen,
das größte Rind hier war sein Sohn.

Mein Sohn mir in den Ärmel schneidet,
weil er mein neues Hemd mir neidet.
Doch dann packt plötzlich ihn die Reu'
und er kauft das gleiche neu,
kann doch nicht sehen, wie Vater leidet.

Mein Sohn denkt voller Gottvertrauen,
den Po werd' ich ihm nicht verhauen.
Mit einem Ding, das ich verboten,
reißt dazu frech noch ein paar Zoten,
jetzt muss ich ihm den Tag versauen.

Das Band vom Vater hin zum Sohn
besteht in jeder Generation.
Doch oft ist Liebe nicht,
nur Geld,
was hält den Alten auf dem Thron.

Mit Prügeln beflügeln
beim Sport und beim Bügeln.
war früher Erziehung,
jetzt gilts sich zu zügeln.

Die Kinder machen sehr viel Müh
nicht abends erst, schon in der Früh.
Das geht das ganze Leben lang,
Streit, das ist der stärkste Klang.
Ob Lolli-Lutscher oder Schlecker-Checker,
immer hör ich das Gemecker.
Die Mama, die kocht gar nicht lecker,
lieber hol ich was vom Bäcker.

11. Sportliches

Mann, was bin ich vollgefressen,
hab siebzehn Törtchen aufgegessen.
Und auch mein Bauch
kann jeder sehn
kann sich mit jedem andren messen.

Von meinem Rad der Gummischlauch
ist glatt und glitschig wie mein Bauch.
Im Fall der Not
Bei einem Loch
Flick ich mit Biomasse auch.

Der Rudi ging ins Montafon,
da war zuvor sein Onkel schon.
Vom Berg kam Onkel nicht zurück,
nun klettert Rudi Stück für Stück,
tja, dazubleiben hat Tradition.

Wer will schon auf ner Gokart-Bahn
Langweilig nur im Kreise fahr'n?
Drum, wem's gefällt,
der fährt ins Feld
und schaut sich dort die Hasen an.

Die Sonja dreht auf der Rotunde,

bis das die Zung ihr hängt vom Munde.
Kaum geht's ihr gut,
schon fasst sie Mut,
und schließlich dreht sie noch ne Runde.

Aus Höhenangst war ein Pilot
schon vor dem Start oftmals halb tot.
Und wenn er kurz vor'm Himmelstor
dann sein Bewusstsein prompt verlor,
die Stewardess bracht's stets ins Lot.

Zur Landebahn ein Flieger kam,
der leider falsch die Kurve nahm.
So kam es bei der Landerei
der Flieger brach alsbald entzwei.
So legte er die Strecke lahm.

Ein Boxer hat viel Kämpf' gewonnen,
drum war'n ihm alle wohlgesonnen.
Doch gab's auf die Nas',
nahm's allen den Spaß,
das Glück war so alsbald zerronnen.

Kaum vom Gegner angelockt
den Boxer er schon ausgeknockt.
Doch angesichts
der Beulenpest
der Sieger war dann doch geschockt.

Es war einmal ein Wettkampfschwimmer,
der übte stets in seinem Zimmer.
Denn im kühlen Nass
macht's ihm keinen Spaß
mit der Zeit, da wurd's immer schlimmer.

Wie wohl, fragt das Pferd den Reiter,
kommst du auf mich ohne Leiter?
Statt ner Antwort
Fehlversuch
Und deshalb übt er jetzt noch weiter.

Kaum fing der Horst sich an zu freuen
da fing der Gaul schon an zu scheuen.
Und dacht bei sich: Du blöder Sack,
hör sofort auf mit diesem Kack,
sonst kauf ich mir noch heut nen neuen!

Da gab's noch den Reiter auf Behle,
der ritt sich aus dem Leib seine Seele.
Doch trotz wildem Galopp
gelang ihm kein Hopp
wie sehr er das Pferdchen auch quäle.

Der schlappe Ralf beim Ritterspiel
traute sich wieder viel zu viel.
Mit viel Getöse und Gejaule
müht er sich auf dem Ackergaule,
war klar, dass er vom Pferde fiel.

12. Weniger sportliches

Spiegeln wird dereinst ein Ei,
nach dem die Schale ich entzwei.
Sieht nicht nur aus,
es mundet auch,
dann ess ich einfach besser drei.

Spiegeln sich die Eier fest
sind sie gefallen durch den Test.
Sind die zu weich
zu schwabbelig
dann isst der Koch allein den Rest.

„Das Steak ganz durch, Herr Ober,
und auch sonst nicht viel Zinnober."
Doch als das Fleisch noch am Zucken
fing er an zu mucken,
So ward ein friedlicher Gast ein grober.

Da drüben in der Bembelgass',
da gibt es Apfelwein vom Fass.
Dazu 'nen Handkäs' mit Musik,
dass ich vor Freud' nach Hause flieg'.
So macht der Abend richtig Spaß.

Sehr schlimm ging's auch der Kunigunde,
das war 'ne Dicke, wirklich Runde.
Obwohl lieber schlank
war sie stets fast krank
ohne Kuchen zur vollen Stunde.

Die Tina, das war auch so'n Fall,
nicht eben dumm, sondern eher drall.
aß in einem fort,
brach fast jeden Rekord,
jetzt sieht sie aus wie's Schwein im Stall.

Auf meinem Tisch steht ein Spalier,
aus Krügen, voll mit kaltem Bier.
Und sind die weg,
fällt weg der Zweck
und ich bleib nicht mehr länger hier.

Ene, mene, Mausespeck,
das erste Fältchen ist schon weg.
Ess' ich noch
Und verschwindet mehr,
erfüllt das Völlen seinen Zweck.
Doch erst vom Alter, jetzt vom Speck,
die Zahl der Falten geht nicht weg.
Der Speck nimmt Rache,
auch wenn ich lache.
Mein Spiegelbild versetzt mir'n Schreck.

Isst du zuviel - dein Risiko
bekommst du halt 'nen Schlabberpo.
Isst du noch mehr,
stopfst voll dich sehr,
kommst du vielleicht bald in den Zoo.

Im Restaurant will ich gut speisen,
doch leider ist es voll von Greisen.
Weil die als einz'ge Zaster haben,
die teuren Sachen zu bezahlen,
so muss ich zu MC Fastfood reisen.

Es aß ein Mann aus Seesen
fürs Leben gern' auf Spesen.
Man kam ihm drauf
und er flog auf,
das war's für ihn gewesen.

Der Versuchung widersteh'n,
das zu können wär' schon schön.
Verzicht' ich stets auf's Erste bloß,
wär' das Problem ich alsbald los.
Ob das gelingt - wir werden seh'n.

Beim neuen Job im Restaurant
dem Koch noch alles unbekannt.
Und wie er so schaut
das Neue verdaut,
war ihm der Topf schon angebrannt.

In der Küche steht ein Sterne-Koch,
da kocht er dann die ganze Woch'.
Und ist der Job dann nachts vorbei,
zuhaus gibt's keine Kocherei.
Vielleicht verhungert er dann noch.

13. Schöngeister

Spieglein, Spieglein an der Wand,
sag', hast du mich denn nicht erkannt?
Der ich noch gestern war so frisch,
der Held an jedem Kneipentisch,
starrt in die Fratze wie gebannt.

Spieglein, du da an der Wand,
in dir hab ich mich nicht erkannt.
Schon der erste Blick
gab mir den Kick,
bin schreiend weggerannt.

Einst traf ich in Westfalen
auf einen Mann, 'nen kahlen.
Die Jahre brachten ihm kein Glück,
weil sie ihn langsam, Stück für Stück,
das Haar vom Kopf ihm stahlen.

'Ne Frau blieb im Solarium
viel zu lange und zu dumm.
An der Stirne neuen Falten,
kann man jetzt bei dieser Alten
die Kappe schrauben rundherum.

In meinem Urlaub fuhr ich früher
öfter an die Cote d'Azur.
Doch seit Baby, Kinder, Alltagsstress
und seitdem ich Trennkost ess',
komm' ich nur selten vor die Tür.

Da gab's 'nen Mann in Hungen,
der tanzte gehopst wie gesprungen.
Er hätte so gern
dazu noch gesungen,
doch das ist ihm niemals gelungen!

Spieglein, Spieglein an der Wand,
wer ist der Schönste im ganzen Land?
Vor deiner Antwort
schau gut hin,
siehst du den Stein in meiner Hand?

Ach wärs doch nur das Spiegelbild,
das es zu verbessern gilt.
Statt meiner
wär es dieses auch,
dass man wegen Mängeln schillt.

Spieglein, Spieglein an der Wand,
schau auf den Stein in meiner Hand.
Das, was du siehst
wird's Letzte sein,
danach ein Häufchen Scherbelein.

14. Festliches

Oftmals nach Taufen
fängt der ganze Haufen
danach an zu saufen,
nur um dann zu raufen,
statt nach Hause zu laufen.

Die Englein hoch am Himmel singen
Bringen Glöcklein gar zum Klingen.
Denk ich an die Pfunde
Zum Weihnachtsfest
Ich würd das Ganze überspringen.

Zur Weihnachtszeit in unser Haus
Knecht Ruprecht kam mit Nikolaus.
Der Knecht, ein riesig' starker Mann,
mit Rute Kinder prügeln kann.
Nimmt flugs reiß aus, sieht er 'ne Maus.

Santa sprach zu mir der Claus
Zum roten Rock fehlt mir die Hos.
Sieht mans´ auch nicht
Wird's mir doch kalt
Von de Füß bis hoch zum Schoß.

GASTFREUNDSCHAFT

Sag Fremder, wie kommst Du mir vor,
klopfest einfach an mein Tor?
Na ja, ich will mal nicht so sein,
tritt näher, ja, tritt einfach ein!
Ja, setz Dich nur und schau Dich um,
aber nur ein Trunk, dann ist es um.
Dann wanderst Du hier wieder raus,
s'ist aus mit Dir und mit der Maus!

WEIHNACHTSGEDICHT

Zu Weihnachten gibt's tolle Sachen
für alle, die auch so schon lachen.
Für die, um die ist's schlecht bestellt,
der Hahn nicht kräht, der Hund nicht bellt.
Wenn man's bedenkt, Du hast doch schon,
vom echten Leben ,ne Portion.
Und die, die ist doch wohl was wert-
für jeden anderen, der davon zehrt!

15. Tierisches und Animalisches

Die Einwohner von Salt Krokan,
die heizen stets mit Gas Propan.
Erzwingt das Streichholz dann am Schlauch,
dass man 'ne neue Hütte brauch'.
Dann war der Marder vorher dran.

Ein Marder in die Falle ging,
weil er sich mit dem Bein verfing.
Halb Copperfield, halb Zaubersohn,
denkt er bei sich, das kann ich schon.
Falsch gedacht, 's war nicht sein Ding.

Einst traf ich mit nem kleinen Wuchs
Nen wunderschönen Silberfuchs.
So begann ich zu fragen
Wärst du gern ein Kragen
Sprach er, frag lieber mal den Luchs.

Die Löwen - ja, da schmatzen sie,
der Dompteur, der fürcht' die Tatzen nie.
Die streben ihn
auch gar nicht nieder,
ist nur die Katzenallergie.

Auf dem Weg zum Rinderstall
kam Fritz einst auf dem Mist zu Fall.
Die Kühle, nicht dumm,
nahmen sein Geschrei nicht krumm
und ergötzten sich am Wiederhall.

To be with Shakespeare in love,
träumte einst ein Schaf.
Und weil's ihn
nicht vergessen kann,
raubt's ihm bis heut den Schlaf.

Mäh, so sprach das Schaf zum Hirten,
und begann mit ihm zu flirten.
Das geht nicht,
sagten alle Leut,
wobei sie sich wohl irrten.

Voll Angst fragt mich das Suppenhuhn
„Warum mich in die Suppe tun?"
In einem Stück
Gab ich zurück
„Wo kann man sonst so lecker ruhn?"

Es krabbelte nachts ein Silberfisch
ganz fröhlich über'n Küchentisch.
Und plötzlich ging die Lampe an
ein Schuh im Tiefflug saust heran.
Da war er nicht mehr frisch, der Fisch.

Es war einmal ein stolzer Schwan,
war manchmal blau und auch im Tran.
Und wie er so dahinlavierte,
merkt er, dass etwas ihn touchierte.
Stieß schwimmend er gegen nen Kahn.

Ein Frosch war leider nicht so klein,
dass er noch könnt´ne Quappe sein.
Aber auch nicht so groß,
dass er famos,
darum lässt er's eben sein.

Am Himmel schwebt ein Kolibri,
vor Wut aus vollem Halse schrie.
Verlor fast den Verstand,
weil er im Fliegen stand,
denn vorwärts kam er einfach nie.

Im Sonnenlicht glitzert 'ne Stange,
um die sich wand geschickt 'ne Schlange.
Und wie es draußen kühler wird,
da denkt sie sich: Hab' mich geirrt.
Überlegt sich's anders, bleibt nicht lange.

Eine Familie saß einmal zu Tische
und aß gar viele Meeresfische.
Und nach und nach erbricht man sich,

nur langsam jeder bessert sich,
das nächste Mal, da nehm' wir frische.

Für geschickt hielt sich ein Zitteraal,
der seinem Nachbarn Futter stahl,
sprach: Schau mal rechts
schon pickt er links,
bald war er fit für's Fischlokal

Ein Fisch, der jappst auf trocknem Grund
Und scheuert sich die Schuppen wund.
Drum besser wär
Es schwämm im Meer,
da blieb er auch gesund.

Ein Fisch, der fängt zu stinken an
Am Kopf zuerst, woanders dann.
So ist's auch in der Politik
Wo's fehlt an mancherlei Geschick.
Weil's man da auch nicht anders kann.

Das Krokodil, das Krokodil,
sagt sein Dompteur, das frisst nicht viel.
Doch wie es in dem Sumpf da lungert
und tut, als ob es längst schon schlummert,
da frisst es ihn mit Stumpf und Stil.

Einst gab es ein Rhinozeros,
das trübes Wasser stets verdross.
Deshalb in klares Wasser gehe,
damit ein jeder es auch sähe,
so dass es auch der Jäger sah - und schoss.

LOTTE UND DER HAI

Bevor sie einen Zug geschwommen,
der Hai auf Lotte zugekommen.
Am Ufer hat er sie bemerkt,
und freut sich, weil er sich gleich stärkt,
und sein Gewicht dann zugenommen.

Wie Augen voll Fett in einer Suppe,
am Himmelszelt die Sternenschnuppe,
platscht sie ins Wasser,
immer krasser.
„Na wart, Dir zeig ich's heut noch, Puppe."

Die Lotte fängt zu schwimmen an,
schon kommt der Haifisch: „Hamm, hamm, hamm."
„Bah, die alte Schlampe,
besteht ja nur aus Pampe,
die fress ich besser gar nicht an."

Doch, noch während er den Angriff führt',
die Tussi völlig ungerührt,
die Stimm' erhebt,
die Welle bebt,
vor Schreck der Hai sich kaum noch rührt.

So kam es, dass sich eingenässt,

im Nassen noch beim Praxistest,
der Fisch beim Anblick dieser Frau,
denn alle Theorie ist grau.
So kam es nicht mehr zu dem Fest.

Den Hai, kaum fertig grad mit Kotzen,
beginnt die Tussi anzumotzen:
„So was Fettes auf dem Tisch,
hattest du noch niemals, Fisch!",
fängt an, mit ihrem Fett zu protzen.

Dem Hai, dem setzte das arg zu,
„kriegt die den Mund denn niemals zu?
Oh bitte schweig
mit dem Gegeig,
sonst krieg ich niemals meine Ruh!"

Allmählich sieht der Haifisch rot,
die Lotte beißt ihn, in der Not.
Und statt ihr jämmerlich Geschrei
zur Abwechslung hört man den Hai.
Sie quält den Fisch fast bis zum Tod.

Und die Moral von der Geschicht'
ist für beide denkbar schlicht:
"Hai, lass Lotte,
Lotte, lass Hai.
Ist besser, man bemerkt sich nicht!"

Wie Du weißt,
ist es dreist,
wenn der Geist,
hierhin scheißt.
Dann ist's gerecht,

wenn der Hund
ihn dafür
schließlich beißt.

16. Paradoxen

SÜßSAUERES

Das Auto kroch schnell um die Ecke
und raste wie ne Weinbergschnecke.
Als leise aus dem Fenster schrie
ne Frau, die existierte nie.

Ein Mann kam langsam angerannt,
war fast so klein wie'n Elephant.
Der schwitzte wie ne kalte Platte,
die er zuvor im Ofen hatte.

Ein Flieger kam auch angeschwommen,
hat grad den letzen Preis gewonnen.
Weil eckig seine Räder rollten,
bevor sie sich vom Himmel trollten.

Sauer sprach ich gut gelaunt
zu ihm, vor dem mir ewig graut.
Was bist du süß, du hässlich Kerl,
ach gäbs noch mehr von dir, nur tot.

KUNSTTURNER

Zehn von den Neun, die um acht hier waren,
hatten sieben mal Sex, bis fünf von den Vieren,
dreimal zu zweit, ein Einzel wagten. Denn Sie wissen ja:
Solche sechs wie wir Fünf findet man keine vier mehr
denn wir Drei sind die zwei einzigen.

SPORTSKANONEN

Gerne haßte ich zu laufen,
zartbesaitet dann zu raufen,
und widerwillig mit Entzücken,
hing ich von einem Pferderücken.

So gern ließ ich die Schlittschuh laufen,
gar unter manchen Jauchehaufen,
und warf natürlich nach den Tauben,
beim Trap beim Skeet und auch beim Schrauben.

Ich traf auch mit dem Ball den Fuß,
und schickte mir so manchen Gruß,
kam vorwärts gut beim Rückenschwimmen,
und welkte stets beim Fitnesstrimmen.

Ich selbst geriet beim Segelreffen,
von vornherein ins Hintertreffen,
der Vorsprung wuchs gar immer mehr,
nur wuchs er leider von hinten her.

So ist's, wenn auf dem falschen Gleis,
des Menschen Ehrgeiz voller Fleiß.
Das Plus erhöht das Minus so,
man könnt sich beißen in den Po!

MINIMUMM

Sprachlos sprach ich feig, voll Mut,
das ist so schlecht, das tut mir gut.
Noch schlechter
tät's mir besser geh'n,
ich krieg's noch hin, ich werd mal seh'n.

So sauer war die Süße gar,
als man im Tal des Berges war.
Das Raue glatt,
die Enge weit,
und hässlich gar die Herrlichkeit!

Skiflieger, mit denen es bergab geht,
haben eigentlich keinen Grund, sich zu beklagen.
Turmspringer, bei denen es turmhoch hinausgeht, schon.

GUTER RAD IST TEUER

Ein Einrad heißt Einrad,
ein Zweirad heißt Zweirad,
ein Dreirad heißt Dreirad,
nur ein Vierrad heißt Auto.
Finden Sie das normal?
Fehlt einem Vierrad aber mal ein Rad,
dann heißt es nicht Dreirad.
Fehlt einem Dreirad ein Rad,
dann wird daraus kein Zweirad.
Fehlt einem Zweirad ein Rad,
wird daraus noch lange kein Einrad.

Wiewohl sie es allesamt wären – eigentlich.
Ist also ein Rad los,
sehen Sie mich einigermaßen rat-los!

SCHLAFTRUNKENHEIT

Gestern ging ich heut zu Bett,
für früh war es schon viel zu spät.
Zu zweit ging ich dabei allein,
wollt' so privat wie möglich sein

Ich träumte früh, es wär zu spät,
gefangen im Syndrom Tourette,
für das, was ich hier mit Colette
am liebsten gar nicht machen tät.

Die dünne Frau war ziemlich fett,
die dicken Brüste flach wie'n Brett.
So ruchlos war sie wirklich nett,
die ich so gerne gar nicht hätt.

Liegend stand ich dann im Bett
und hustete ihr ein Sonett,
während sie, so glitschig wie 'ne Klett
ruhelos verharrt im Bett.

Und wie beim russischen Roulette
verlieren war hier gar nicht nett.
Ich lächelte noch missvergnügt
und übergab mich schließlich im Closett.

Drum merke, wer mit einer Frau,
geht schnackeln nach zuviel Schabau,
leider meist den Kürzeren zieht,
auch wenn er zunächst den Längeren sieht!

DER MUT-AN-TRINKER

Im Spannungsfeld von Glück und Pech
befinde ich mich, wenn ich zech'.
Trink ich zu wenig, schaff ich's nicht,
trink ich zuviel, ist's auch vernicht'.
Häng ich in diesem Zustand rum
find ich grad nicht das Optimum.
Je näher ich mich daran zech,
umso weiter scheint es plötzlich wech.
Als Paradoxon lerne ich,
die Perspektive ändert sich.
Renn ich dem Glück erst hinterher,
dann wird es unerreichbar schwer.
Erst wenn ich ihm entgegen geh,
ich schließlich seine Mitte seh'.
Vielleicht!

SELTSAM

Ist es nicht seltsam,
daß Vögel keinen Spaß verstehen,
Spaßvögel aber schon?

Ist es nicht seltsam,
dass man Merk- Würdiges immer vergisst?

Ist es nicht seltsam,
dass man ausgerechnet Fern- Seher immer aus der Nähe
betrachtet?

Ist es nicht seltsam,
dass ausgerechnet Sitzriesen ihre wahre Größe im Stehen
erreichen?

Ist es nicht seltsam,
dass insbesondere jemand,
der noch nicht einmal ganz bei sich ist,
oft als doppelt unangenehm empfunden wird?

Ja, so ist das eben. Rätsel über Rätsel. Selbst Uhren, die
mit der Zeit gehen,
bewegen sich ja manchmal nicht vom Fleck.

Wenn ausgerechnet ein Hell- Seher für die Zukunft
schwarz sieht,
wird es teuer.

Wenn ich nicht in die Ferne sehen will, sehe ich fern.
Wenn ich doch in die Ferne sehen will – auch!

Ich mach mich mal kurz lang. Endlich. Ich wollte mich
nämlich schon lange mal kurz lang machen. Schon weil
mir die Kürze langt. Und das schon lange.

Von der Domina aus Kerkenrade
empfang die Schelte ich als Gnade.
und mach ich das gut,
dann lobt sie mich –
ausgerechnet, schade!

LOOSE/ LOOSE DES MASOCHISTEN

Nur der Böse ist gut genug,
sich seine Schelte zu verdienen.
Doch ist er böse,
bekommt er die Belohnung nicht,
ist er gar lieb,
dann auch nicht.

Pervers ist,
wenn ein Sadist einem Masochisten „Alles Gute"
wünscht.
Dann wird das Gute schlecht
und das Schlechte gut,
am Ende wird's politisch – irgendwie!

Wußten Sie eigentlich,
dass auch eine feuchtfröhliche Flasche
eine trockene Bemerkung machen kann?

EINE KLEINE PUUPSGESCHICHTE

Oft verzieht man eine Miene,
bis sich das verzieht,
was man ziehen gelassen hat.
Die Welt ist sowieso ungerecht.
Kaum lässt man einen ziehen,
verziehen sich die anderen auch.
Noch ungerechter ist,
wenn sich ausgerechnet derjenige verziehen soll,
der sowieso schon einen ziehen gelassen hat.

Wissen Sie eigentlich, was Durchschnitt ist?
Wenn man einen Glücksritter mit einen Pechvogel kreuzt,
dann geht es dem im Durchschnitt so „lala"!
Oder aber, wenn Sie rechts und links am Ziel
vorbeischießen,
dann haben Sie im Durchschnitt getroffen!

Sentimen und talität
vereinen sich zum Wort zu spät.
Erschließt sich endlich dann der Sinn,
dann ist die Phase meist schon hin.

Gemeinhin gilt als Altruist,
der bestverborg'ne Egoist.
Denkt nicht an andere, nur an sich,
weil er ja so bescheiden ist.
Von Herzen gern ein Sozialist,

der beste, der auf Erden ist.
Verzicht auf alles, aber nicht für sich,
so lang, bis er der reichste ist.

ALTRUISMUS

Wer kennt den reichsten Altruisten?
Sie kennen ihn nicht?
Vielleicht kennen Sie ja wenigstens den bekanntesten!

PUBERLAPUB

Ich steig die Stufen zur Höhle hinab,
der erste von uns, der lacht sich schlapp.
Die Atemluft, die wird ihm knapp,
so kommt's zum Delirium unter der Kapp.
Wir seilen uns dann weiter ab,
die Eile, sie hält uns auf Trab.
Wir verfolgen den Plan in der Mapp',
und trinken alles, was ich hab.
Und plötzlich, da macht es „Zapp",
ein Schatten wie'n galoppierender Rapp',
hält uns aber nicht davon ab,
zu steigen tiefer ins Grab.
Wir stoßen dann auf ein Kap,
wie ich noch keins geseh'n hab',
Und wie ich die letzte Luft schnapp,
da seh' ich ein echt englisches Pub.

17. Der Lauf der Zeit

AUTUMN BLUES

Der Sommer hat gebräunt die Haut
der allermeisten Menschen.
So geht es auch dem Laub am Baum,
bis grade zur Extension.
Beleidigt von den kürzren Tagen,
der Baum beginnt schon zu verzagen.
Und nicht der braunen Haut allein,
auch ihm geht's an den Kragen.
Den Menschen geht die Farbe ab,
dem anderen Blattsubstanz,
und erst, wenn's wieder wärmer wird,
erstrahlt das Paar im Glanz.

Nur spärlich wärmt der Sonne Strahl
den Baum im Herbst, der längst schon kahl.
Die Blätter zieh'n an einem Strang
Als ging's um einen Gruppenzwang.
Die letzten Strahlen sollen streifen,
bis das die letzten Früchte reifen.
Aufgepumpt mit süßen Stoffen,
wie sie die Gärtner all erhoffen.
Zum letzen Mal im Licht ertrinkt
die Frucht, die voll vom Baume springt.
Mit Druck platzt auf die reife Süße
Und sendet an die Sinne Grüße,
verkündet uns vom Saftgenuss,
von Früchten gar, und auch von Nuss.

Ja, so ist's an jedem Morgen,
man würd' so gern' noch Zeit sich borgen.
Noch liegen in den weichen Kissen,
etwas später heute pissen,
bevor man löst der Welten Sorgen.
So wälz' ich mich hier in der Decke
Rühr' mich ansonsten nicht vom Flecke.
Die Krümel vom Rosinenbrot,
die schlägt mein Sohn als Fliegen tot.
Da drüben summt der Eierkocher,
das TiVi läuft, vom Sam bis Pocher.
Wiederholung seh'n zum Zeitvertreib
Sowie der ganze Bettverbleib
Am Wochenende sich vervielfacht,
der Montag stoppt, dass man zu viel lacht.

ZEIT-ZUGABE

Die Zeit, die ist's, die jeder spürt,
und dennoch keiner sieht.
Und läuft sie ab, so ist sie's doch,
vor der man niederkniet.
Wie wird es sein, ob man erwacht,
nach traumlos dunkler Nacht?
Vielleicht ist's hell, vielleicht auch schnell,
oder langsam in dem Schacht?
Gibt's mehr davon, oder hört sie auf?
Ist das am End',
das End' vom Lied,
oder gibt's noch einen drauf?

KIRSCHERNTE

Von Ferne, wie im Mikroskop,
erscheint ein Fruchtkalaidoskop.
Von gelb bis rot im Sonnenstrahl,
glänzt mir zur Freud umkränzt ein Pfahl.

Voll Blättergrün und reifen Früchten,
voll Versprechen und Gerüchten,
die Vorahnung auf das, was kommt,
sie ist schon da, jetzt, hier und prompt.

Dann seh ich sie,
ich kann's kaum glauben,
die eine nur,
die will ich rauben.

Kaum dass ich
ihren Glanz erspäht,
hab ich sie schon
vom Baum gemäht.

Ein Zug, ein Dreh,
ein Fingerspiel,
vor Freude drück
ich meist zuviel.

Mit voller Wucht
entfährt der Frucht
mit einem Knall
die ganze Zucht.

Und aus der Form,
die einst geschwollen,
kommt süßes Rot
gepumpt, gequollen.

Tiefrote Farbe,
auch mal schwarz,
ergießt sich blutend
übers Harz.

Das dralle Rund,
noch prall im Mund,
verschwindet zuckersüß
im Schlund.

Orangem Fleisch
entweicht mit Druck
Tropfen, Saft,
zu einem Schluck.

Und reife Süße
schießet Grüße
voll Zucker ein,
von Kopf bis Füße.

ERNTEDANK

Teil eins vom Ernte-Dank-Fest-Psalm,
das Getreide ist schon weg vom Halm.
Und während die Früchte auf dem Baum noch rochen,
die Ackerschollen schon aufgebrochen,
und obwohl der Sommer ist schon weit,

an vielen Hängen Lesezeit.
Nach Winteräpfeln der Winzer pfeift,
an vielen Stöcken der Eiswein reift.
Und wenn die Traubenernte ist vorbei,
dann hat auch der letzte endlich frei.
Die Furchen auf den Wirtschaftswegen,
mit Rauhreif morgens schon belegen.
Und für die warmen Winterfeuer
beginnt man´s letzte Holz zu sägen.
Und schließlich ist es dann so weit,
endlich, ja endlich, endlich ist es Weihnachtszeit.

Verschlafen wacht man auf am Morgen,
den Kopf noch frei, ganz ohne Sorgen.
Stündlich wird es dunkler dann,
aus eig'ner Kraft man nicht mehr kann,
muss man am Abend schon die Zukunft borgen.

Gestern noch ging ich zur Schule,
danach war ich Student, der Coole.
Job, Familie, Bankkredit,
der Abstieg folgte dem Zenit.
Und heut' fall' ich schon in die Kuhle.

Für Kinder scheint das Leben lang.
Was fang' ich alles damit an?
Doch mit der Zeit verliert's an Länge,
als ob der Zeiger schneller gänge,
vor Schreck hält man den Atem an.

Der Großpapa zum Enkel spricht,
auf Leistung war ich stets erpicht.
Zieh' ich des Lebens Resümee,
tut mir das trotzdem ganz schön weh,
denn viel Erfolg bracht es mir nicht.

Lohnt es sich denn wohl zu sterben,
nur damit die andern erben.
Ich glaube nicht,
drum lass ich's sein,
werd alt und lass die Haare färben.

Ich seh's an meiner Pläte
im Leben ist's schon späte.
Ich hoffe nur
die Saat geht auf,
die ich beizeiten säte.

Zigarren hast Du mal gepafft,
dann hat es Dich hinweggerafft.
Und leider hat's
Dein Hobby nicht,
hinein mit Dir ins Grab geschafft.

„Mein Arbeitstag ist hartes Brot",
beschwert sich einst Gevatter Tod.
Stets verdrießlich,
nur selten genießlich,

„komm, lieber Gott, lass mich in Dein Boot.“

Der Sand des Lebens ist verronnen,
obwohl es doch erst g'rad' begonnen.
Der Tod, er lacht, die Sense schwingt,
ein letzter Schrei nach außen dringt,
vergebens die erhofften Wonnen.

Mit Sicherheit kommt irgendwann
zu mir auch mal der Sensenmann.
Ach wär das schön, könnt' ich ihm sagen:
„verschone mich mit Deinen Plagen.“
Doch leider trifft auch mich sein Bann.

Das Schicksal hat sich wohl verschätzt,
der Sensenmann die Messer wetzt.
Wie schieb ich's auf,
ich komm nicht drauf,
nun, die Hoffnung, die stirbt wohl zuletzt.

Der Sensenmann, der Sensenmann,
ist tagein, tagaus am Sensen dran.
Wenn ich das seh',
dann frag ich mich,
wann ist der eigentlich selber dran?

ZEITGEFÜHL

Zu warten ist des Lebens Zweck,
das, was man braucht ist meistens weg.
Entfernt die Dinge, von denen träum ich,
zeitlich meist und oft auch räumlich.
In der Jugend fehlt des Alters Segen,
die Zeit in Ruh' davon zu fegen.
Geduld ist, was man wirklich braucht,
weil ohne sie das Leben schlaucht.
Geduld zu haben wäre schön,
doch die ist früh nicht abzuseh'n.
Das Leben hält für uns bereit
scheinbar nichts als Wartezeit.
Und um sie, da geht der ganze Streit
von Alter und Gelehrsamkeit.
Wenn erst das Rad des Lebens schneller dreht
freut man sich über dasselbe, wenn's scheinbar steht.
Die Zeit, im Alter ein Geschenk,
der Jugend Fluch, Last und Gezänk.

NIE VERGESS ICH DIE ZEIT

Nie vergess ich die Zeit,
der Kopf war frei, die Welt noch weit.
So weit, so weit, ich konnt's kaum fassen
und sogar Du tats't zu mir passen.

Nie vergess ich die Zeit,
das Ende offen, die Zukunft weit.
Sie lag noch so weit weg von mir
und doch erzählte ich sie Dir.

Nie vergess ich die Zeit,
die darauf folgte, satt und breit.
Und immer noch die Zukunft scheint
so wundervoll, dass niemand weint.

Nie vergess ich die Zeit,
so nah der Gipfel, wie mir scheint.
Und doch , der Zweifel nagt in mir-
wie recht das war, das wissen wir.

Nie vergess ich die Zeit,
schon ohne Dich, gefüllt mit Neid
auf die mit Zukunft, die einst mein.
Für andere wahr, für mich nur Schein.

Nie vergess ich die Zeit,
so schön, so schlecht, zu zweit, allein.
Und doch, es ist vorbei der Spaß,
die Zeit, die Zeit mich längst vergaß.

EINE KLEINE STURMGESCHICHTE

Der Tag, der geht zur Neige nun,
in kurzer Zeit werd' ich schon ruh'n.
Genieße noch die letzte Stund',
verlässt mich bald der Sonne Rund.

Schon kündigt sich das Abendrot
an und damit des Tages Tod.
Ich freu mich, über das, was war,
zu früh das Resümee gebar.

Der Wind frischt auf, ganz ohne Not
und kaltes Schwarz vertreibt das Rot.
Von Ferne kündigt sich das an,
und alsbald bin auch ich schon dran.

Vom Seenufer, ach Du Schreck,
komm ich beinah' zu spät erst weg.
Haushoch türmt sich auf die Welle,
wir packen, hastig, auf die Schnelle.

Der Himmel zeigt sich tief verhangen,
als ob hier tausend Chöre sangen.
Die Möwe, durch die Luft geschmettert,
die vollen Zweige schon entblättert.

Die Halme knicken überall,
den Rest gibt ihnen wohl der Schall.
Wo vorher Paradies noch war
da tanzt jetzt dunkler Höllen Schar.

Die Pfütze, schon zum Bach gestaut,
kaum, dass man sie nicht angeschaut.
Und schließlich über's Ufer tritt
der Tropfen Schar im Höllenritt.

Bäume, bis zum Grund gebogen,
wie's Glöcklein an der Schnur gezogen.
Der Sturm, der bläst mit aller Kraft,
nimmt uns in dieser Hütt' in Haft.

Blitze zucken, Donnergrollen,
der Sturm, der greift jetzt in die Vollen.
Tosend sich die Welle bricht
und auch die Äste halten nicht.

Am Himmel, das Gewölbe bricht,
ich hoffe nur, es trifft uns nicht.
Den Blick erhoben such ich Schutz
starr vor Angst und auch vor Schmutz.

Das sieht man nicht an allen Tagen,
Boote, die mit Wucht zerschlagen.
Das Strandgut scheint uns eher schlecht,
Die Welt hat sich an uns gerächt.

Äste, Zweige, Laubkompott,
durch Kraft gestört in ihrem Trott.
Alles fliegt jetzt durch die Luft
bis schließlich alle Kraft verpufft

Der See, der ist jetzt wieder still,
man kaum den Augen trauen will.
Was einst geordnet wunderschön
das ließ der Sturm im Chaos steh'n.

Es ist noch einmal gut gegangen,
der Sturm hat uns nicht eingefangen.
Bevor ich's noch mal unterfang,
denk ich zuvor an Untergang.

Am Ende dann,
am Ende schon,
begann ich zu versteh'n,
was für ein Glück,
daß zu Beginn,
das Ende wir nicht sehn!

18. Altersweisheiten

MY WAY IS NOT YOUR WAY

Aller Anfang ist der Geist,
im Schaffensdrang er sich beweist.
Die Sehnsucht treibt den Schöpfer an,
welch Kunstwerk er erschaffen kann,
gar mancher Last er sich befleißt.

Ein Drahtseil spannt das Leben mir,
darauf zu wandeln ist die Kür.
Denn bleib ich steh'n,
ist's schon gescheh'n,
die Angst zu fallen ich verspür.

Gar mancher Mensch versteht es nicht,
wenn er sein Leben sieht so schlicht.
Ein Geschenk, von Gott gegeben,
um wahre Wonnen zu erleben.
Wüsst' er's, dann wär' er mehr erpicht.

Wer immer nach der Jugend sucht
und über schwindend Kräfte flucht,
den wird das Alter schnell ereilen,
im Sorgenjoch er wird verweilen,
bis er vom Tode heimgesucht.

Die Welt, die ist in steter Hast
vom Geist des Praktikers erfasst.
Die Theorie ist schön und klar,

ein Spielball gern der Denkerschar,
doch haben sie den Sinn verpasst.

Ein Tor, der immerzu nur tritt
auf fremden Pfaden Schritt für Schritt.
Die andern kann nur überholen,
wer mutbewehrt auf festen Sohlen
die eignen Wege sich erstritt.

Für jedes Werk auf dieser Welt
ist irgendwann die Zeit bestellt.
Drum gilt es Weile zu ertragen,
bis dass die Stunde hat geschlagen,
für Träume unterm Himmelszelt.

Wassergleich die Seele rinnt,
des Menschen Schicksal sie ersinnt,
die nicht zu greifen, wie der Wind,
und in der Auswahl scheinbar blind,
am Ende doch das Spiel gewinnt.

PERSPEKTIVENWECHSEL

Das Leben, das war allzu fad,
ideenreich, doch ohne Tat.
Die Frau schon tot, die Kinder groß
was mach' mit meinem Tag ich bloß?
Zähne, Muskeln, Haare weg,
was hat das Leben für 'nen Zweck?

Mit Lesebrille, Hörgerät,
reagier' ich meistens allzu spät.

Das Schicksal meint' es gut mit mir
und hielt mich stets am Platze hier.
So konnt' aus nächster Nähe ich
sehen, wie das Glück entwich.

Mit Volldampf ging mein Leben los,
nur leider immer in die Hos'.
Freude hat' ich nur beim Schaden,
Pleite ging mir jeder Laden.
Da bin ich nun, ohn' Freund und Feind,
der Herr hat's mit mir gut gemeint.

Niemand dreht sich von mir ab,
sondern schenkt mir Mitleid, weil ich schlapp.
Was soll ich tun, ich weiß es nicht.
Für mich beginnt die letzte Schicht.
Es ist vorbei mit meiner Kraft,
verdickt hat sich der Lebenssaft.

Natürlich bleib' ich mir stets treu,
über wenig Pech ich mich schon freu'.
Doch leider gibt's zuviel davon,
drum steh' ich hier auf dem Balkon
und denk' über 'ne Lösung nach,
die mich beglückt zum längsten Tag.

Ich erschieß' mich, ohne mich zu treffen
und segle im Sturm, ohne Segel zu reffen.
Ich werf' mich vor ein hohes Haus
und stürz' hinter'n Zug und dann ist´s aus.
Ist's gut, ist's schlecht, wer weiß,
dass ich auf Tod und Leben scheiß.

Dann werd' ich wach, es ist schon neun;
allmählich beginn' ich mich zu freuen.
Im Alptraum starte ich um sechs
und schwing' wie früher meine Flex.

Als täglich Arbeit meine Pflicht,
auf die ich meist nicht sehr erpicht.

Stattdessen gibt es jetzt 'nen Brunch
oder zumindest Rentnermantsch.
So ist das hier in meinem Heim,
Dauerwurst und Haferschleim
und keiner fragt ob ich das will,
sie mögen mich halt lieber still.

Auf einmal geht die Sonne auf,
das Schicksal ändert seinen Lauf.
Zum ersten Mal, da seh' ich „Sie",
den Neuzugang aus Tennessee.
Sie kommt zu mir, sie spricht mich an
Ich kann´s kaum glauben - ich bin dran!

Vielleicht will 'se noch, oder kann sogar,
vielleicht mit mir nach Sansibar?
Vielleicht komm' ich sogar zum Schuss,
der diesmal nicht in die Hose muss.
Vielleicht ist sie sogar verliebt,
die Perspektive sich verschiebt.

Ich hab das vorher nicht gekonnt,
es war mir völlig unbekannt.
Mein Herz, das schlägt jetzt wie noch nie,
ich hoff, ich hab noch Garantie.
Das Leben, das ist wunderbar,
wie es zuvor noch niemals war.

Wie konnt' ich nur das Leben hassen,
ich kann es nun gar nicht mehr fassen!
Das hatt' ich früher schon erstrebt,
bislang nur leider nicht erlebt.
Das Pech ist mir am End' genommen,
ich bin im Leben angekommen.

Life is Life

Viele Dinge werden gut,
manche nicht, mich packt die Wut.
Dreht sich dann das Verhältnis um,
kuck ich aus der Wäsche dumm.
Und fühl, dass mich verlässt der Mut.
Manchmal ist auch andersrum,
ich beginne einfach dumm.
Doch mit der Zeit, da ist´s soweit,
die Dinge gerade, nicht mehr krumm.

Ein Anfang kommt nicht von allein,
es muss zuvor ein Ende sein.
Wenn dann statt alt,
das Neue walt',
dann stellt auch der Erfolg sich ein.
Doch weiß man´s erst,
wenn man schon alt,
die Lüste schon erkalt´,
und hat für diese weise Sicht
ein Leben lang bezahlt.

Auch wenn zum Looser auserkor´n
Bleib am Leben, schau nach vorn.
Mach bloß nicht viel zu kleine Schritte
Und halte dich nicht in der Mitte.
Fall runter, wenn du musst, steh auf,
bleib liegen nicht, die Augen auf.
Und schau, was Leben dir bereit'
an Last und auch an Herrlichkeit.

Verlaß Dich nicht auf andere,
vertrau auf Dein Gefühl.
Nur Herzensbildung ist's, die zählt,
die andere taugt nicht viel.
Je mehr du lernst, du dich entfernst,
vom Schönen, Wahren, Guten,
nur mit Instinkt es Dir gelingt,
die Wahrheit zu vermuten.

TIME IS TIME

Die Gegenwart als Präteritum,
die Zukunft als das Jetzt.
Doch wer so denkt,
der macht was falsch,
beim Genuss er sich verschätzt.

Denn letztlich bleibt ein solcher dumm,
der durch die Zeiten hetzt.
Obwohl zu schnell,
verliert er doch,
am Anfang und zuletzt.

Zu jeder Zeit der Zeit voraus,
das macht den wahren Genius aus.

Bereits am Morgen, krank vor Sorgen,
sich Vorschuß auf den Tag zu borgen,
und dann am Abend, krumm vor Last,
die Muskeln schwach, der Teint erblasst,

die Zeit dazwischen, die Kälte von Fischen,
man sitzt zwischen Stühlen und andererleuts Tischen.
Was ist denn wohl die richt'ge Zeit
an der man fühlt sich echt befreit?
Die Antwort auf diese Frag
gibt's nicht am Tag,
auch nicht am letzten,
vielleicht danach.

Erfolg verhilft zu vielen Schwüren,
Verlust erst lässt uns Leben spüren.
Erfolg begünstigt nur Allüren,
die schließlich zum Verlust erst führen.
Das Geschick, mit beiden umzugehen,
wird später dann den Sieger küren!

PERPETUUM MOBILE

Getarntes Glück ist Pech am Stück!
Getarntes Pech ist Glück, nur Glück!
Die Investition ins Glücksgefühl ist das Unglück,
oder doch zumindest das Gefühl,
das diesem Zustand am nächsten kommt.
Je größer die Investition
desto größer der Gewinn.
Unbeantwortet bleibt allerdings die Frage,
ob der Gewinn die Investition lohnt
und ob es nicht besser gewesen wäre,
einfach nur dahinzuvegetieren.

In jedem Falle liegt der Schlüssel
für die Bewertung der Rendite
in der Bescheidenheit.
Sie erhöht das Glücksgefühl
bei gleichzeitig sinkenden Investitionen.
Weniger ist also mehr? Ja!
Aber vielleicht ist auch das schon wieder unbescheiden!
Seien Sie also vorsichtig – und bescheiden Sie sich auf
das Beste.
Und fangen Sie bei sich selbst an. Ob das gut geht?
Nun, Sie kennen sich ja. Damit ist die Frage auch schon
beantwortet.
Was ist also zu tun?
Vielleicht beginnen Sie einfach damit, alles ein bischen
besser zu machen,
oder doch wenigstens nicht ganz so schlecht!
Wetten, dass Sie sich dann besser fühlen?

So manches Rührstück endet mit dem Rohrstock.

KÖLN – DAS ERSTE MAL, DIE ERSTE WAHL

In Dir wurd ich nicht mal geboren,
hab doch mein Herz an Dich verloren,
denn alles, was erinnerlich,
geschah zu Beginn nicht ohne Dich.

Zum ersten Mal die Schul besucht,
von da an oft den Tag verflucht,

die schlechten Noten, auch die guten,
und was mir sonst noch zuzumuten.

Und früh im Bus, der erste Kuss,
das erste Tor, das fallen muß,
die Kommunion und auch die Weihe,
als ob es nur in Dir gedeihe.

Der erste Sex, der erste Flop,
die erste Frau in meinem Kopp,
das erste Rad, das erste Bike,
die erste Frau, bei der ich schweig.

Die erste Party, Abitur,
Weltspartag, Konto, Inventur,
Pfadfinderschaft und Kinotag,
der erste Job, nach dem ich frag.

Immer war's das erste Mal,
manchmal schön, und manchmal Qual.
Und immer, wenn ich's wieder tat,
wurd's ständig öder, endlich fad!

Und nun, da ich nicht in Dir weile
weil ich verzog dereinst mit Eile,
da weiß ich, es war der Genuß,
der als erstes mit Dir weichen muß.

Das erste Mal, das kommt nicht mehr,
ist einfach mit Dir weg,
so oft ich es auch suchen mag,
,s hat letztlich keinen Zweck!

Und doch – vielleicht da irre ich,
bin näher dran, als ich denk',
doch die gefühlte Ebene ist's
auf der ich anders schwenk.

Auch später gab's woanders mal,
ein erstes Mal vom End,
ob Haarausfall, ob Herzinfarkt,
man sich vom Leben trennt.

Und jetzt bringt jedes erste Mal,
dem letzten mich wohl näher.
Und jedes tut mir weh und weher,
der Tod schickt seine Späher.

Ich will nicht mehr, das erste Mal,
ich schieb's gern vor mir her,
es ist, als schöb' ein anderer,
mein Leben vor sich her.

19. Autorenschicksale

Sprich ein Wort
in einem fort
und mit viel Glück
wird's ein Sprichwort.

Ich weiß es nicht,
ob ich ganz dicht,
weil ich erpicht,
dass ich was dicht'.
Auch will ich schlicht,
der Leser richt',
über das, was reimt,
und das, was nicht,
was ich auf Sicht,
und wenn auch schlicht,
macht' zum Gedicht –
vielleicht auch nicht.

Leider etwas holperig
wird manchmal auch ein Limerick.
Merk ich's dann,
so schäm ich mich,
und werde etwas zitterig.

Ich glaube, da ist schlimmer nix,
als langweilige Limericks.
Auf dass man sie schnalle,
und es jedem gefalle,
Such' ich stets nach neuen Tricks.

Limericks und andre Tricks,
entscheidend ist der richt'ge Mix.
Der Rhythmus muss stimmen,
die Silben zu trimmen -
sonst bringt es nix.

Gehoben sind die Literaten,
die oftmals Blödsinn nur verbraten.
Drum kann ich Ihnen,
nach viel Lesen,
zu Alternativen fast nur raten.

Ich schrieb so gern ein kleines Buch,
obschon ich stets nach Worten such'.
Talent ist da,
es fehlt Genie,
das ist des Motivierten Fluch.

Ich kann mir keinen Reim drauf machen,
was reimt sich wohl, was bringt zum Lachen?
Besser wär's
Mir fiel was ein
Was alles bringt zum Krachen.

Da sitz ich hier mit Silberblick
und knet nen Limerick mit Silbenknick.
Hoff' ich zumindest,
doch mir fehlt Glück,
reiht sich doch Missgeschick an Missgeschick!

Da gibt's Schlimmeres nix
als Limericks,
die ich hier gerad' verbrech.
Noch schlimmer ist,
ich zeig sie Euch,
und das ist wirklich frech.

Pösie wär' die Poesie,
würdest Du sie sprechen wie
geschrieben, so, wie Du sie siehst,
nur daß Du sie dann nicht genießt.

20. Endgame

Hier sitz ich, schwitz ich, laboriere,
merk gar nicht, dass ich plötzlich friere.
Ei, was für ein spannend Ding,
was ich mir grade hier ersinn,
für andres schon den Sinn verliere.

So schrieb ich nunmehr Nacht für Nacht,
was immer ich mir ausgedacht
doch im Ergebnis, liebe Leut',
war's leider nur vertane Zeit.
Ich hätt's wohl besser nicht gemacht.

Ich schreib oft Mist, den ich zerreiß'.
gelegentlich bleibt's Blatt auch weiß.
Auch bin ich innerlich zerrissen,
Blödsinn oder gar nichts wissen?
Ach was ist wohl der größ're Scheiß?`

Ich glaub', ich hab' genug geschrieben
für das der Leser mich darf lieben.
Doch dann müsst Ihr Euch auch verpflichten
für allemal hier zu verzichten,
die Spreu vom Weizen auszusieben.

Eine kleine Notgeschichte,
ich zum Schluss mir stets noch dichte.
Gönnt' ich dies meinem Leser nicht,
so wär's das Ende der Geschicht',
man hielt mich für 'nen Bösewichte.

21. BEZIEHUNGSKISTEN

LOVE & PAIN

Mein Leben lang am schönen Ding,
mit Herz und auch Verstand ich hing.
Das schönste, was ich fand, warst Du,
so ließ auch hier ich Nähe zu.
Doch in des Schicksals großem Buch,
da ist versteckt so mancher Fluch.
Versuchung lautet einer hier,
und diesen leistete ich mir.
Die Liebe hatte ich versiebt,
Du hattest Dich von mir entliebt.
Weil ich es mir mit Dir verdorben,
bin ich vor Kummer fast verstorben.
Doch nun bin ich wie neu geboren,
mein Herz ist nicht mehr tief gefroren.
Im Gegenteil – ich schwimm im Glück,
denn ich fand jetzt mein Gegenstück.
Und die passt wirklich gut zu mir,
so wie ich's dachte, auch bei Dir.
Doch nun soll alles anders sein,
besser noch, und nicht so klein.
Wenn da nicht nur ein Haken wär,
sie ist wohl dreieinhalb Zentner schwer.

LIEBESGEDICHT

Du bist der Abfluß, ich bin der Strudel.
Ich bin die Sauce, Du bist die Nudel.
Will mit Dir verreisen, die Erde umkreisen,
Dich loben und preisen, Dir Ehre erweisen.
Doch eins will ich nicht und das weißt Du genau;
ich will Dich alleine, nicht teilen als Frau.

Du bist der Wohlstand und ich fühl mich reich,
Du bist der Anstand, ich fühl mich wie'n Scheich.
Kann nicht von Dir lassen, ohne Gefühl zu verpassen,
das kann ich nur fassen, weil Du lässt mich lassen.
Die Bedingung ist einfach, ich sag's frei heraus,
Komm mach mit mir Liebe und nicht den Garaus!

KNALLTE AUF FALTE

Wie ich so schalte und walte,
stieß mich, daß ich prallte,
genau auf die Falte,
ein Typ, der nur schwallte.

Voll Wut ich nicht halte,
die Finger ich krallte,
die Fäuste ich ballte,
sein Gesicht neu gestalte.

Mann, wie das schallte,
als ich ihm eine knallte,

und wie er dann lallte,
„Du blöde Alte!"

War klar, er verknallte,
sich nicht in die Alte,
sah nur die Schulter, die kalte,
und nicht ihre Spalte.

DER HELD

„Wer kann, der kann" sprach einst ein Mann,
von Zweifeln keine Spur.
Doch eines Besseren belehrte ihn
der Kalender und die Uhr.

Das Lachen, wie die Schultern breit,
ein Held, der siegt und niemals weint.
Und doch, mit jeder Jahreszeit
entfernt er sich dann von sich selbst
und dem, was von ihm bleibt.

Das ist nicht viel und sieht nix aus
und stellt noch weniger dar.
Wo ist er nur, der Held von einst,
der er angeblich war?

Die Zukunft eng, die Züge streng,
des Ackers Furchen im Gesicht,
vom tollen Hund blieb nur ein Wicht,
am Ende seiner letzten Schicht.

Den Playboy unter Kläusen
seh' ich stets mit zwei Mäusen
Es scheint fast,
sie verfangen sich
in seines Charmes Reusen!

KOMMUNIKATION

Hey Alter, wie geht's ?
Ich geh' nich, ich fahr.
Wie fahrst Du denn?
Es geht.

Hey Alter, iss was?
Nee, ich hab' kein Hunga.
Ich mein, ob was iss?
Nee, ich sag doch.
Ich mein, ob etwas iss?
Nee, gar nixx.
Ob etwas mit Dir iss?
Nee Mann! Niemand iss mir und mit mir zusamme auch
nich!
Ey Alter, vergiß es.

Hey Alter, Was guckst Du so?
Äh, ich guck nur so dahin.
Wills' mich verarsche? Ey, ich bin Dir in Weg.
Ich guck durch Dich durch.

Ah ja, iss gut, Mann.
Ey, ich sag doch, ich hab kein Hunga!

Ich sprach zu ihr: Versteckst'e
mir bitte nicht die Texte,
auf die ich eben kleckste.
Und wenn Du's ließt, entdeckst'e,
ich glaube gar, erschreckst'e,
mit was ich Dich verhexte.

Im Leben geht es up and down,
manchmal gar zu schlapp zum kauen,
und geht's dann besser, Tag um Tag,
mimt man den Held vor tausend Frauen.
Man braucht nur an sich runterschauen,
den Schreck, den muß man erst verdauen,
denn alles ist fit, nur einer nicht,
dann ist für's erste aus der Traum.

22. KRIEGERISCHES

KRIEGSGEDICHT

Augen, die weit aufgerissen,
Männer, die im Liegen pissen,
beim Sterben in die Hosen schissen,
ist es das, was wir vermissen?

Im Auge noch gestreuter Sand
für's Volk und auch für's Vaterland,
wird's gleiche anderer abgebrannt.
Was war es wohl, was man empfand?

Die einen sinken in den Sümpfen,
die andern robben auf den Stümpfen.
Es ist wohl kaum das Heldenlied
vor dem man in den Tod sich flieht.

Menschenfleisch im Stacheldraht,
gut abgehangen, durchgegart,
die Blut- und die Gewebetorte
an jeder Front, an jedem Orte.

Granatensplitter, kampfgegast,
wir haben doch nur so gespaßt,
im Spiel, das für den Mann gemacht,
der unsterblich an sich gedacht.

Granat- und gar nicht eisgesplittert,
der Kriegsheld dann im Graben zittert.

Spaßig ist es wirklich nicht,
überraschend, so aus Opfersicht.

Auch manchem Täter wird ganz flau,
schießt er in Gegner's Augenblau.
Wie könnt ich's je der Welt erklären
den tödlich aufgebund'nen Bären?

Und irgendwann schickt die Nation
die minderjährig Notration.
Bedenken, alle abgeprallt,
die werden hier doch ganz schnell alt.

Mit Phrasen den Verstand geraubt
bis schließlich einfach jeder glaubt,
ein jeder schwärm' von dem Gedärm,
Das im Kriegslärm glänzt ohne Wärm'.

Der Traum von Blut- und Leberwurst,
von Gurken auch, und Weißbierdurst
geht unter, mit, im kalten Schlamm,
ist man erst selbst das Opferlamm.

In Maßen die Glieder
mit Glück kehren wieder
mit denen, die sangen
einst Märsche statt Lieder.
Und für jeden Arsch,
der schritt im Marsch
da einst, kehrt nur
ein halber wieder.

Das blecherne Lob an der leeren Brust
als Trost für all'den hölzernen Frust,
den statt der eigenen Beine man
im Rollstuhl nun bewundern kann.

KRIEGSGERICHT

Schon lauert wie ein böses Tier
die Idee vom Krieg, und nicht nur hier.
Die Idee als Appetizer.
Farben, Fanfaren und Politiker,
die als Einpeitscher fungieren.
Heldengeschichten und Ahnenkult als Vorspeise,
garniert mit einer Prise Unsterblichkeit
und Unbesiegbarkeit – natürlich!
Der Mensch als Nahrung des Krieges,
die Idee verspeist sich selbst,
Witwen, Waisen und Prothesen als Nachtisch im Gepäck.
All das Unrecht, das Elend als letzter Gruß.
Und, spürt ihr den Hunger schon wieder?

23. Nachtgeschichten

NACHTWACHE

Es ist die Nacht,
die mich bewacht,
wenn mir im Traum
die Welt zerkracht.

Es ist die Nacht,
die mich verlacht,
wenn ich vor Angst
mich naß gemacht.

Es ist die Nacht,
die so was macht,
bevor aus Rach'
mir Licht gemacht.

Sie ist es auch,
die Gott gemacht,
damit man fühlt,
wie man erwacht.

NACHTGESCHICHTE

‚Ne Geschichte schrieb ich über Nacht,
wie keine Zweite ich gemacht.
Als ich sie dann am Morgen las,
da hat sie mich nur ausgelacht.
Und irgendwie heg ich Verdacht,
das was des nachts noch gut gemacht,
bei Licht ich hätt noch mal bedacht.

Ich wüsste gerne, was zu tun,
wenn ich nachts grüble, statt zu ruhn.
Doch leider stellt sich nur ‚s Problem,
dass ich hier schildre als Poem,
die Lösung bleibt für mich doch Fluch,
obschon ich's tausend Mal versuch!

WERWOLF

Vom Silbermond
noch nie verschont,
der Werwolf,
der im Rhythmus wohnt.

Das bleiche Licht,
der Bodennebel,
der Himmel klar
frohlockt dem Bebel.

Jetzt, nun fiebrig
schnüffelnd, suchend,
freudig sabbernd,
Gutem fluchend

bricht sich das Böse
seine Bahn,
will mit dem Schicksal
Schlitten fahrn.

Der Reißzahn weiß
und frisch gewetzt,
mit Fährtenschweiß
die Zung benetzt,

so trifft die Kreatur
voll Groll,
selbst Opfer und
vor Angst wie toll,

ihr Opferlamm,
gekaut zum Heiden,
zerfetzt bis in die
Eingeweiden.

Im Blutrausch mischt
sich Klageton,
man hört den letzten
Seufzer schon,

die Knochen knacken
im Gebrüll,
vom Schöngeist bleibt
nur Biomüll.

Und mitten in
dem blut'gen Jubel,

trifft unverhofft
die Silberkugel

mitten in
des Monsters Herz,
Erlösung schenkend,
keinen Schmerz.

Da hat man sich
dann wohl verhört:
Des Monsters Klagen
uns betört.

Das Opfer war
der Jägersmann,
und diesmal war
der Werwolf dran!

24. NACHWORT

Weil ein Buch nun einmal endlich ist, so sind wir endlich
auch am Ende dieses kleinen Büchleins angekommen.
Am Ende sein bedeutet aber keinesfalls, dass auch wir
am Ende sind. Das Ende dieses Buches bedeutet
zugleich den Neuanfang eines anderen Buches. Für mich
sowieso und für Sie hoffentlich auch. Und so lassen Sie
uns gemeinsam hoffen, noch öfter gemeinsam am Ende
zu sein. Natürlich nur, um gemeinsam wieder beginnen
zu können. In diesem Sinne verbleibt ihr

Klaus J. Müller

Herstellung und Verlag:
Books on Demand GmbH, Norderstedt
ISBN 978-3-8370-8727-7